DE LA GUERRE

CONSIDÉRÉE DANS SES RAPPORTS

AVEC LES DESTINÉES DU GENRE HUMAIN,

LES DROITS DES NATIONS ET LA NATURE HUMAINE,

PAR M. LE Cᵗᵉ PORTALIS.

PARIS,
1856.

DE LA GUERRE,

CONSIDÉRÉE DANS SES RAPPORTS

AVEC

LES DESTINÉES DU GENRE HUMAIN,

LES DROITS DES NATIONS ET LA NATURE HUMAINE.

ORLÉANS. — IMP. COLAS-GARDIN.

DE LA GUERRE,

CONSIDÉRÉE DANS SES RAPPORTS

AVEC LES DESTINÉES DU GENRE HUMAIN,

LES DROITS DES NATIONS ET LA NATURE HUMAINE,

PAR M. LE Cte PORTALIS.

ACQ. 42.644

PARIS,

1856.

EXTRAIT DU COMPTE-RENDU
De l'Académie des Sciences Morales et Politiques,
RÉDIGÉ PAR M. CHARLES VERGÉ,
Sous la direction de M. le Secrétaire perpétuel de l'Académie.

DE LA GUERRE,

CONSIDÉRÉE DANS SES RAPPORTS

AVEC LES DESTINÉES DU GENRE HUMAIN,

LES DROITS DES NATIONS ET LA NATURE HUMAINE,

PAR M. LE COMTE PORTALIS.

Un des sages de la Grèce disait, si nous en croyons Plutarque, *qu'en vieillissant nous apprenons toujours.* Je ne me flatte point d'égaler Solon en sagesse; je n'ai point eu comme lui l'honneur de donner des lois à une république. Je n'ai pas même, à mon âge, l'ambition d'apprendre encore. Mais l'étude est la vie de l'intelligence, et mettant à profit les loisirs que m'a ménagés une loi récente, chargée de m'avertir que le terme des fonctions laborieuses que je remplissais depuis trente ans, était échu, je n'ai pas interrompu mes études.

Mon attention s'est portée naturellement sur les objets qui, durant ma longue carrière, avaient été le sujet de mes constantes méditations.

La connaissance exacte des principes de la morale et de la justice; des devoirs de l'homme vivant en société, des devoirs des peuples entre eux; en un mot la philosophie du droit ou la *jurisprudence* ont été le but principal de mes recherches. Je dis la *jurisprudence*, car c'est le nom que donnaient à la *philosophie du droit* les jurisconsultes romains, nos maîtres en cette science. Ils la définissaient: *la connaissance des choses divines et humaines, la science du juste et de l'injuste, l'art de l'équitable et du bon : Juisprudentia est divinarum atque humanarum rerum notitia, justi et injusti scientia, ars œqui et boni.* Le champ est vaste et fécond ; il ne saurait être épuisé.

Pendant que je m'occupais du *droit des gens*, la *guerre* embrasait l'Orient. Il me semblait que les flots paisibles de la belle mer qui baigne la contrée riante où je me trouvais alors, amenaient jusqu'à mon oreille le bruit du tonnerre des armées qui grondait au-delà du Bosphore. En même temps que cette pensée faisait tressaillir mon cœur, un doute grave s'élevait dans mon esprit.

Je me demandais si parmi ces collisions sanglantes, ces luttes barbares, ces violences brutales, ces déprédations ruineuses qui accompagnent inévitablement la guerre ou la constituent, il était possible de rencontrer le germe ou l'apparence d'un *droit*.

C'était le moment ou jamais de chercher la solution d'un tel problème.

A la vérité, Grotius, Leibnitz, Puffendorff, Wolff, Vattel, Montesquieu lui-même et d'autres éminents publicistes attestent qu'il existe, au moins de nom, un *droit de la paix et de la guerre.*

Un droit de la paix?

Je le comprends facilement, quoique la paix soit plus qu'un droit. La *paix* est la sauvegarde de tous les *droits*. Là où la discorde règne, la violence qui ne reconnaît d'autre droit que la force, règne avec elle. La *paix*, c'est le *droit* de tous ; c'est l'état naturel de toutes les sociétés politiques. Hors d'elle et sans elle tout est précaire ; toute sécurité est absente. La justice est en péril : la *morale* est le *droit* de la *paix*.

Mais pourquoi et comment la *guerre* qui n'est, dans l'ordre social et politique, qu'un accident ou une exception de la nature des tempêtes et des volcans dans l'ordre physique, peut-elle avoir des *lois* et un *droit* propre ?

Qu'est-ce donc que la *guerre ?*

Cette question que quelques philosophes ont examinée en elle-même, l'a été rarement par les publicistes.

Si nous consultons l'histoire, la *guerre* est aussi ancienne que le monde ; on dirait que c'est une manière d'être du genre humain.

Si nous recherchons son origine, sa raison d'être, nous rencontrons différents systèmes qui sont loin de s'accorder.

Un des *penseurs* les plus hardis, parmi ceux qui se sont violemment séparés des philosophes du siècle dernier, et qui fondant une école nouvelle, ont voulu tout soumettre ou tout rattacher à la *foi religieuse*, le comte Joseph de Maistre a soutenu avec l'ardeur de ses convictions et l'énergie de son talent : *que la guerre était un instrument du règne de la providence divine.* Selon lui, elle a été choisie pour associer l'homme au triomphe de la justice, par le déploiement de la force et arriver au moyen d'une *expiation prolongée jusqu'à la consommation des siècles, à l'extinction du mal et à la mort de la mort même.*

D'autres esprits, moins audacieux, mais non moins respectueux envers la guerre, l'acceptent comme un instrument de civilisation à l'aide duquel l'activité humaine s'exerce, les forces de l'homme se développent et les lumières se propagent.

Quelques-uns l'ont considérée comme le résultat d'une

convention tacite, intervenue entre les peuples dès le commencement du monde et dictée par leur inclination naturelle à la lutte et aux combats.

Dans l'état d'indépendance où ils se trouvaient, les hommes auraient préféré, selon ces docteurs, l'intervention de la force, aux conseils de la raison et de la justice, et auraient remis au hasard des combats le soin de leur honneur et de leur indépendance.

J'ai tenté de soumettre à un examen attentif ces diverses opinions, en commençant par celles du comte de Maistre.

La *guerre*, du consentement de tous les peuples, est un détestable fléau. Horace la caractérise d'un mot :

> .... *Bellaque matribus*
> *Detestata.*

Mais ce ne sont pas les mères seules qui détestent la guerre.

« Nul ne sait ce que c'est que la *guerre*, s'il n'y a un fils, » s'écrie douloureusement le comte de Maistre lui-même, en dépit de l'inflexibilité rigoureuse de sa doctrine et de la froide assurance de sa raison. Cependant, il la considère comme *une grande loi du monde spirituel*. A l'en croire, il y a dans le fléau de la *guerre* quelque chose de plus particulièrement *divin* que dans les autres fléaux. Elle appartient ainsi que tous les maux physiques à *l'expiation* nécessaire des crimes des hommes ; il dit avec un poète célèbre :

> « C'est le courroux des rois qui fait armer la terre.
> « C'est le courroux du ciel qui fait armer les rois.
>
> « J.-B. ROUSSEAU. »

La *guerre*, selon lui, n'est qu'un chapitre d'une loi générale qui pèse sur l'univers. Dans le vaste domaine de la nature vivante, tous les êtres sont armés les uns contre les autres. Le philosophe et le naturaliste peuvent facilement découvrir et observer comment ce *carnage permanent* et ces *mutuelles funérailles* sont prévus et ordonnés. Ni le sang des *animaux* épanché avec tant d'abondance, ni celui des *coupables* humains versé avec *parcimonie* par le glaive des lois, ne sauraient suffire à l'expiation. Si la justice des hommes pouvait frapper tous les coupables, il n'y aurait point de guerre ; mais cette justice débile n'atteint que le petit nombre, et sa *féroce* humanité épargne souvent les *criminels* sans soupçonner qu'elle prolonge ainsi le règne et les horreurs de la *guerre*. De nos jours, par un autre aveuglement non moins pernicieux, des philanthropes abusés s'efforcent de leur côté, en sollicitant l'abolition de la peine de *mort*, de retarder ou de suspendre *l'expiation* dans le monde.

Ainsi cette loi formidable reçoit sans cesse, avec plus ou moins de lenteur, une exécution continue par la *destruction violente et successive des êtres vivants*. Ainsi la terre entière, j'emprunte les paroles du philosophe de Saint-Pétersbourg, *continuellement imbibée de sang* ne sera jusqu'à la *consommation des siècles* qu'un *autel immense* où tout ce qui vit doit être *immolé sans fin, sans mesure et sans relâche*.

Comment un philosophe chrétien, comment un homme sensible et bon, ses *lettres familières* en font foi, a-t-il pu s'égarer à ce point dans la recherche des voies mystérieuses de la Providence ?

Voici comment on peut l'expliquer.

L'espérance d'ajouter une preuve nouvelle à la démonstration de la vérité révélée a vivement saisi le comte de Maistre. Il a cru la trouver dans la croyance universelle établie chez tous les peuples, de l'*innocence payant pour le coupable* ou du *salut par le sang.* Il soutient avec ardeur la certitude et la généralité de cette croyance et l'allie à l'opinion qu'il adopte de la *vitalité du sang* ou plutôt de *l'identité du sang* avec la vie. Cette opinion aussi ancienne que Pline le Naturaliste, rappelle la doctrine de Confucius sur la double immatérialité de l'âme; elle a été rajeunie à la fin du siècle dernier par un physiologiste anglais, nommé Jean Hunter. Le comte de Maistre s'y associe; il appelle ensuite au secours de sa démonstration l'autorité de l'*Ecriture sainte*, les *traditions* et les monuments de l'antiquité, le témoignage de toutes *les nations.* J'ai cru devoir le suivre pas à pas pour le combattre avec ses propres armes.

Il faut d'abord remarquer que l'*Ecriture sainte* ne contient pas la révélation des lois générales de l'univers. Elle ne fait connaître à l'homme que ce qu'il lui importe de savoir pour sa conduite morale. Elle se tait sur le mécanisme divin et sur les évolutions admirables de cette multitude de mondes qui nagent dans l'immensité de l'espace sans bornes.

Ne dirait-on pas que la sagesse divine s'adresse aux esprits imprudents et téméraires qui prétendent ajouter à la révélation, ou lui faire dire plus qu'elle n'exprime, lorsque dans un livre admirable, conversant avec l'inimitable héros de la patience et la résignation, elle adresse à Job ces paroles sublimes, qu'aucun langage humain ne saurait rendre et que j'essaie en tremblant de paraphraser?

« Vous dont l'audace aspire à découvrir les voies inac-
« cessibles de ma providence, et dont la débile raison
« cherche à pénétrer le profond mystère de l'alliance
« indissoluble de ma justice et de ma bonté, qui vous a

« rendus si vains que d'évoquer l'esprit de mes œuvres,
« et de l'interroger sur la secrète économie de mes des-
« seins? Où étiez-vous lorsque à l'aube du jour où naquit
« l'univers, les astres du matin rayonnèrent au firma-
« ment, et suivis des étoiles étincelantes qui peuplent les
« déserts du ciel pendant la nuit, sortirent du néant à ma
« voix? — Etiez-vous présents quand les enfants de lu-
« mière, engendrés de Dieu, tressaillaient de joie à l'aspect
« de ce grand spectacle, manifestation éclatante de ma
« puissance et de ma bonté?....

« Dites où vous étiez alors, et je saurai si votre intelli-
« gence est capable de comprendre les lois qui président
« à l'économie de mes ouvrages. »

Cet oracle auquel je me soumets en toute humilité,
n'a point arrêté le comte de Maistre.

Sans égard pour les défenses expresses qui y sont conte-
nues, il recherche, pour justifier la Providence divine et
la Vérité révélée, au-dessus de la raison, de prétendues
lois générales de l'univers qui blesseraient la raison, et
qui non-seulement ne sont point révélées, mais seraient
en opposition avec les inspirations de la conscience humaine, qui est aussi une révélation divine.

Il faut donc suivre notre philosophe sur le terrain brû-
lant qu'il parcourt. Je m'appuierai sur l'autorité de la
raison, qui *conduit l'homme à la foi ;* sur celle des livres
saints, qui sont la règle de la foi ; sur le sentiment moral,
guide divin qui ne saurait nous égarer.

Et d'abord, que veulent dire ces paroles que la *guerre*
doit être considérée comme *une loi du monde spirituel ?*

Qu'a de commun la *guerre* avec le *monde spirituel ?*....

Selon le comte de Maistre, la chute de l'homme est
l'unique cause des maux physiques. La *guerre* est incon-
testablement un de ces maux.

En admettant l'opinion de ceux qui pensent que la création de tous les êtres a été simultanée, ils ne peuvent être régis par les mêmes lois, puisqu'ils sont de nature différente. *Tous les êtres ont leurs lois*, dit excéllemment Montesquieu; *le monde matériel a ses lois, les intelligences supérieures à l'homme ont leurs lois, les bêtes ont leurs lois.* Les lois qui régissent les *êtres* purement *spirituels*, doivent être nécessairement distinctes de celles qui gouvernent le genre humain, puisqu'elles sont faites pour des êtres qui ne sont pas de même nature.

La nature humaine est une nature à part. Le souffle divin l'anime sans doute; mais ce souffle divin, cet être *qui pense en nous*, a reçu pour instruments des sens corporels; c'est par leur moyen qu'il entre en relation avec le monde visible. S'il appartient au monde spirituel par son âme, il tient à la matière par le corps qui lui est uni. Sans doute, l'homme est sujet des lois du monde spirituel par son âme; mais il ne leur est soumis d'une manière complète et absolue qu'après la mort. En tant que homme, il a sa loi spéciale, la loi de sa nature mixte, la loi qui préside à l'alliance temporaire de l'âme et du corps. C'est en ce point que la nature humaine diffère de la nature angélique qui est sans alliage et purement spirituelle.

Il y a plus : selon la révélation, l'homme pour sa désobéissance a été frappé d'une double peine, qui répond à sa double nature : la déchéance intellectuelle et morale de l'âme ; les maux physiques et la mort.

Mais Dieu, dans sa miséricorde, lui a promis sa réhabilitation et une résurrection glorieuse. L'orgueil de la vie et la fragilité de la chair ont été l'occasion de sa chute ; la mortification de la chair et la foi, ou l'humble soumission de l'esprit, lui ouvrent avec l'aide de Dieu une voie *d'expiation*. En ce point, la nature humaine, par une nouvelle exception, échappe encore à l'application générale des lois du monde *spirituel*,

En un mot, dans toutes les suppositions, la loi de *l'expiation par le sang* ne pourrait regarder les intelligences supérieures à l'homme; elle ne pourrait donc être une *loi générale du monde spirituel*.

Mais comment cette prétendue loi de l'univers peut-elle atteindre les animaux?

Ici pour suivre le comte de Maistre, il me faut descendre des anges aux brutes.

Les animaux périr, passe encore les humains! s'écrie dans un cas analogue le bon et naïf La Fontaine. L'expiation du crime ne saurait être exigée de ceux qui n'ont pu le commettre.

La loi du *carnage permanent* et *des mutuelles funérailles* ne saurait atteindre les animaux, qu'autant qu'elle serait considérée comme une circonstance aggravante de la malédiction qui frappe la terre en punition des crimes de l'homme. Mais les signes de cette malédiction et les effets de ce châtiment sont définis. A la fertilité spontanée du sol succède une stérilité désolante. La terre se hérisse de ronces et d'épines. Condamné à la mort, l'homme doit féconder, par son travail obstiné, la terre dont il a été tiré, jusqu'au jour où il lui restituera ses restes inanimés.

Plus tard, quand la justice divine prononça l'extermination des descendants dégénérés du premier homme, elle prit les animaux en pitié et les assimila à la famille du juste, qui survécut aux funérailles du genre humain. Tous, sans distinction, furent préservés, dans l'arche, du naufrage universel. Il est vrai qu'à la renaissance du genre humain, Dieu assigna tout ce qui a vie et mouvement sur la terre, à la nourriture de l'homme; mais ce fut un pur bienfait pour l'homme, rien n'indique que les animaux eussent démérité. De savants naturalistes et des physiologistes distingués assurent qu'après la grande révolution physique qui venait de s'accomplir, les plantes avaient perdu de leur vertu, et le corps humain avait besoin d'aliments plus généreux et plus substantiels.

Tout se réunit donc pour écarter de la loi nouvelle, promulguée après le déluge, jusqu'à apparence d'une pénalité. Rien ne justifie donc, quant aux anges et aux animaux, l'hypothèse développée avec tant de verve dans *les soirées* de Saint-Pétersbourg.

Je voudrais que tout fût dit sur ce point ; mais je ne peux m'empêcher de faire remarquer à quelles extrémités conduit la préoccupation de l'esprit de système, et comme l'exagération dans les choses les plus sérieuses touche de près au ridicule.

Pour prouver ce qu'il avance, le comte de Maistre énumère le grand nombre d'animaux de proie : *insectes, reptiles, oiseaux, poissons, quadrupèdes,* qui ont pour mission, dans chaque division *du règne animal,* de dévorer les autres.

Homère et Virgile ne sont pas plus soigneux ni plus exacts dans la revue des armées, soit des Grecs et des Troyens, soit des Grecs et des Rutules. Le comte de Maistre place, à la tête de toutes ces phalanges meurtrières, *l'homme qui,* dit-il, *tue uniquement pour tuer. L'homme dont l'épingle déliée,* écoutez bien ceci, *pique sur le carton des musées, l'élégant papillon qu'il a saisi au vol sur le sommet du Mont-Blanc ou du Chimboraço, qui empaille le crocodile, qui embaume le colibri, qui contraint le serpent à sonnettes à venir expirer dans la liqueur conservatrice qui doit le montrer aux yeux d'une longue suite d'observateurs.*

On ne se serait guère attendu à voir figurer les innocents chasseurs de papillons, les empailleurs d'oiseaux, les pacifiques préparateurs des collections d'histoire naturelle, parmi les sinistres exécuteurs de l'arrêt de *mort violente*, écrit *sur les frontières mêmes de la vie*, comme s'exprime emphatiquement le comte de Maistre.

Un philosophe moderne qui mérite, sous plus d'un rapport, l'honneur d'être comparé au comte de Maistre, a dit ingénieusement : *qu'un système est un voyage au pays de la vérité ; tous les voyageurs s'égarent*, continue-t-il, mais *tous découvrent quelque chose. Il ne faut donc pas condamner l'esprit de système, il suffit de le bien régler.*

Cette définition me paraît manquer d'exactitude. Un voyageur peut se diriger vers des terres inconnues ou des rivages inexplorés ; mais c'est une partie du globe terrestre qu'il entreprend de visiter. Sur la foi de tra ditions anciennes, ou de calculs mathématiques, Gama et Colomb purent affronter, l'un, le redoutable passage du cap des tempêtes, l'autre, l'immensité des mers Atlanti ques. Ils ne voyageaient point à la recherche d'une idée ; la vérité que poursuit l'esprit de système, n'est qu'un être de raison, une conception de l'intelligence. La terre a des limites que le voyageur le plus aventureux ne saurait franchir. Mais telle n'est point la situation de celui que l'esprit de système emporte vers ce qu'il croit être le pays de la vérité. Il se précipite dans un espace sans li mites, ou plutôt hors de tout espace. Aucun astre secourable ne peut l'aider à s'orienter, il n'a pour guide que ses propres pensées, et il erre de suppositions en suppositions, sans pouvoir prendre pied nulle part. C'est, qu'à proprement parler, le pays que le comte de Bonald nomme le pays de la vérité, n'est que le pays de *l'hypo-thèse.* Aussi, souvent un système n'est-il qu'un voyage *aux espaces imaginaires.* Loin que le voyageur y découvre toujours quelque chose, la plupart du temps, ses découvertes prétendues ne sont que des déceptions, ou n'indiquent que de fausses routes qui éloignent de la vérité, et font obstacle au progrès réel.

L'esprit de système est trop souvent l'écueil des intelligences élevées, indépendantes et hardies ; peu traitables de leur nature, indociles au joug, elles dédaignent la règle et ne craignent pas de la braver.

Si l'on ne peut condamner sans réserve, l'esprit de système à cause des services qu'il a rendus quelquefois, il faut s'en défier toujours et ne jamais oublier qu'il exerce, sur les esprits dont il s'empare, une véritable tyrannie. Il dégénère facilement en une passion violente, hautaine et intolérante comme l'orgueil dont elle émane ; cause trop fréquente d'éclipses déplorables de l'intelligence ou de chutes éclatantes.

En effet, à côté des heureux mais rares résultats des méditations profondes d'un esprit systématique qui a bien rencontré, abondent en foule les erreurs que ne cessent d'enfanter les rêves ou les fantaisies d'une imagination exaltée. Ces erreurs éloignent de la vérité ou l'obscurcissent par le mélange adultère de faits constatés et d'assertions hasardées, et par la confusion regrettable de raisonnements inconcluants ou de phénomènes controuvés. C'est au pays de l'observation et de l'expérience que les poursuivants de la vérité doivent aller à sa recherche. C'est là qu'ils la trouveront s'ils joignent à l'art de bien observer, le soin d'interroger consciencieusement les faits avérés.

Si l'on rapproche le système du comte de Maistre de l'esprit de paix, de charité et de justice qui caractérise la religion dont il est l'ardent défenseur, on a peine à comprendre que sa main ait pu, sans hésiter, tracer et retracer si souvent ces terribles paroles : *Oui, la guerre est divine.* Triste et douloureux refrain que dément la doctrine de l'Evangile. Comment un écrivain qui accuse d'inhumanité les solitaires de Port-Royal, à cause de la rigidité de leur morale, a-t-il pu s'égarer à ce point? Comment une loi dont l'amour des hommes et la miséricorde divine sont les fondements, a-t-elle pu enflammer son cœur sans éclairer son esprit?

Sans doute, le *salut par le sang*, comme parle le comte de Maistre, ou *l'expiation du péché au prix d'un sacrifice sanglant*, est le fondement de la foi chrétienne ; mais ce n'est ni le sang des animaux, ni le sang des hommes qui doit couler ; ce ne sont pas des victimes mortelles qui doivent être immolées ; c'est une victime sans tache. C'est un médiateur divin qui opère, par son généreux sacrifice, la réhabilitation du genre humain déchu. Selon la révélation, une personne divine pouvait seule, égaler la réparation à l'offense, et offrir à la miséricorde de Dieu une satisfaction capable de tempérer la rigueur suprême de ses jugements.

Qu'aurait pu ajouter à la valeur inestimable d'un tel sacrifice l'effusion incessante du *sang* des hommes? La foi, non moins que la raison, répugne à cet alliage monstrueux, on pourrait même dire sacrilége.

Mais les textes sacrés le désavouent. Depuis le premier livre de la révélation de Moïse, la *Genèse*, jusqu'au dernier livre du *Nouveau testament*, la *Révélation de Saint-Jean*, l'Ecriture sainte tout entière est inconciliable avec une telle doctrine.

S'agit-il, en effet, de la permission donnée aux enfants de Noé de se nourrir de *tout ce qui a vie et mouvement sur la terre*, le *sang* est excepté, et l'usage de la chair mêlée avec le sang, comme aliment, sévèrement prohibé. Veulent-ils exprimer l'extrême vigilance de l'esprit divin à prévenir toute effusion de sang humain, ils abondent en paroles : *J'ai une extrême horreur, y est-il dit, de ceux qui répandent le sang; c'est pourquoi je vengerai le sang de l'homme, de toutes les bêtes qui l'auront répandu, et je vengerai la vie de l'homme de la main de l'homme et de la main de son frère qui l'aura tué.*

Sur le Mont-Sinaï, au milieu des tonnerres et des éclairs, entouré de toutes les puissances de la nature, dans toute sa majesté, le législateur divin proclame ce commandement suprême : *Vous ne tuerez point*, fondement sacré de la morale et de la société, loi protectrice de la vie des hommes dont les doctes interprètes de la vulgate craignent de n'avoir pu rendre, en ce peu de mots, toute l'énergie.

Dans le *Lévitique*, rituel sacré de la religion mosaïque, qui contient dans ses nombreuses prescriptions tout un code de morale pratique, Dieu manifeste de nouveau, en termes plus expressifs encore, son horreur pour l'effusion du sang. « *Que toute personne qui aura mangé du sang,* « *soit punie de mort,* » est-il écrit, « *et qu'il périsse au mi-* « *lieu de son peuple.* » C'est toutefois dans ce livre que se trouve *l'institution des sacrifices et de l'expiation par le sang.* « *Offrez le sang sur l'autel*, y est-il dit, *et devant* « *le tabernacle du témoignage, pour le salut de vos âmes.* » Mais si le sacrifice est sanglant, les victimes immolées doivent toujours être *des hosties pacifiques.* Rien ne rappelle la *guerre* ni ses sanglants exploits dans les rites de ce culte cérémonieux, qui se mêle à presque toutes les actions de la vie, et qui a évidemment pour but de tempérer les emportements et d'assouplir le cœur d'un peuple naturellement rude et passionné.

On allèguerait vainement les décrets rigoureux portés

contre les habitants du pays de Chanaan et leur impitoyable exécution. Ils se rapportent à un autre ordre d'idées et de faits. Ils concernent exclusivement les rapports du peuple juif avec les populations idolâtres qui habitaient la terre promise ; ils ne dérogeaient en aucune manière aux commandements généraux et supérieurs donnés à Noé , promulgués de nouveau par Moïse, qui sont la loi du genre humain et le fondement de toute morale.

Mais les textes de l'*Evangile* sont plus incompatibles , s'il se peut , avec le langage et le système du comte de Maistre : *Remettez votre épée dans le fourreau* , dit, avec l'autorité qui lui appartient, le divin législateur des chrétiens , au disciple fidèle qui se mettait en devoir de le défendre. *Tous ceux qui , de leur propre autorité , se serviront du glaive, périront par le glaive, si on leur fait justice.* Mais Jésus ne se contente pas de cette parole de paix ; il guérit à l'instant la blessure faite à son ennemi. Telle est la seule guerre dont fasse mention le *Nouveau testament* ; et cette guerre , si l'on peut donner ce nom au coup porté à Malchus par le prince des apôtres , peut , nous le confessons volontiers , être justement appelée *divine*. Le disciple bien-aimé dont la tête avait reposé sur le sein du Rédempteur, rend témoignage dans le dernier des livres inspirés à la doctrine évangélique : *Celui qui aura réduit son semblable en captivité, y sera réduit à son tour. Celui qui aura tué par l'épée périra de même par l'épée*, et il ajoute dogmatiquement : *C'est ici la source de la patience et de la justice ;* bases inébranlables de la foi des saints. *Mes enfants , aimez-vous les uns les autres*, ne cessait-il de répéter, dans son extrême vieillesse , aux jeunes gens qui se pressaient autour de lui. *Ce conseil contient tous les préceptes.*

Non, la guerre n'est point *divine* , elle est le fait de

l'homme ; elle n'entre ni comme élément , ni comme moyen dans l'œuvre de la réhabilitation du genre humain ; elle n'est qu'une des tristes conséquences de la déchéance de l'homme et de l'empire qu'ont usurpé sur lui ses mauvaises passions. La guerre n'a rien de plus *divin* que les tremblements de terre , les incendies spontanés, les inondations , les vastes naufrages, les épidémies et les contagions meurtrières qui, de siècles en siècles, et quelquefois d'années en années , ravagent la terre et moissonnent ses habitants. Ces terribles instruments de la Providence divine correspondent et se coordonnent sans doute aux choses du monde invisible et spirituel. Dans l'ordre moral comme dans l'ordre physique , elles ont, dans les desseins de Dieu, une signification et des effets prévus et déterminés. Mais à aucun titre , la *guerre* ne saurait être privilégiée entre les fléaux. Ainsi que tous les autres , elle est placée sous l'empire de ces causes secondes qui sont comme les lois organiques de l'univers. Elle ne se distingue d'eux que par le vice de son origine et la perversité de ses causes. Allumée au feu des passions humaines comme les volcans à la conflagration des matières inflammables que la terre recèle en son sein , elle est toujours l'effet d'une volonté dépravée, même quand elle est légitime et juste , puisqu'elle n'éclate jamais qu'à l'occasion de droits violés ou d'une injustice dont la réparation est refusée. Du reste , dans les circonstances qui la précédent, qui l'accompagnent ou qui la suivent, il n'y a rien qui sorte de l'ordre naturel des choses.

Elle a , selon le comte de Maistre , *des conséquences surnaturelles peu connues, parce qu'elles sont peu recherchées, mais qui n'en sont pas moins incontestables.* Ces conséquences sont évidemment, il le donne clairement à entendre, des grâces spéciales qu'obtiennent par le mérite de leurs souffrances et de leur mort, les victimes de la *guerre*. J'ai besoin de l'espérer et de le croire comme lui; mais pourquoi ces grâces seraient-elles réservées exclusivement aux victimes de la guerre? Quand un tremblement de terre engloutit une cité comme Lisbonne ou Messine, que dis-je! une province entière comme la Calabre; quand une mer inexorable submerge en un instant une *flotte invincible*, aux regards des hommes, comme celle de Philippe II; quand la peste transforme en solitude des villes populeuses comme Florence, Milan ou Marseille, ne serait-on pas en droit de s'écrier avec le comte de Maistre, parlant des soldats morts les armes à la main, *qu'il est difficile de croire que les victimes de ces épouvantables jugements ont péri en vain?....*

En admettant son système, ces exécutions que je n'oserais qualifier, ne rentreraient-elles pas aussi bien que la *guerre* dans le *carnage permanent* et l'expiation *par le sang?* Pourquoi cette différence de traitement entre les victimes d'un même holocauste? Pourquoi cette préférence accordée à celles qui sont immolées de la main de leurs semblables? Toutes ne subissent-elles pas les rigueurs d'une même loi? Ne sont-elles pas enveloppées dans une ruine collective et atteintes d'un commun trépas? Quel mérite particulier motiverait cette cause particulière d'élection? Sans doute, les champs de bataille sont un théâtre où la valeur, la générosité, le mépris de la vie, toutes les vertus guerrières se développent. Mais sous la pression des autres fléaux qui l'affligent, des vertus non moins héroïques n'honorent-elles pas l'humanité? La charité a ses martyrs; la piété filiale, ses dévouements; la tendresse maternelle, sa bravoure et son abnégation: le patriotisme fait braver les flammes; l'espoir d'arracher à la mort des infortunés naufragés, fait braver les flots. Pour s'élever à la hauteur des vertus militaires , ne manquerait-il à ces nobles vertus que l'effusion du sang humain?

On ne saurait admettre une doctrine si contraire aux sentiments les plus naturels.

Cependant le comte de Maistre, sans crainte de la calomnier, appelle à son aide la *gloire* qui environne la guerre. Il invoque également l'attrait *inexplicable,* selon lui, qui rend les hommes avides de la *gloire militaire.*

Il soutient que l'amour de cette gloire qu'il qualifie de *mystérieuse,* démontre évidemment que la guerre est *divine.*

Mais *l'amour de la gloire* est commun à tous les hommes. Chacun dans sa sphère aspire à la renommée. Cette aspiration de l'âme naît à la fois du sentiment de sa grandeur et de la conscience de son insuffisance. Montesquieu l'attribue à cet *instinct de propre conservation* dont tous les êtres vivants sont doués. Ne pouvant reculer les étroites limites de leur être, les hommes éprouvent, selon lui, le désir d'étendre leur existence, en prenant possession de l'avenir par le bruit de leur nom. Cette *longue mémoire* qui passionnait Achille est, en effet, une seconde vie ; mais elle n'est point le partage exclusif des guerriers.

La gloire est l'auréole de toutes les vertus héroïques, de tous les talents suprêmes et des hautes intelligences. Elle leur donne ce je ne sais quoi d'achevé, cette splendeur morale qui en fait, ici-bas, la plus digne récompense des grandes âmes, des hommes de génie et des bienfaiteurs de l'humanité.

Rien de plus éclatant, sans doute, que la gloire militaire, mais nul *mystère* ne l'accompagne ou ne l'enveloppe. L'intrépidité qui brave les périls, la vaillance qui triomphe de la force, ce coup d'œil supérieur, prompt et sûr qui saisit à la fois l'ordonnance de deux armées, et les péripéties des combats simultanés ou successifs qui composent une bataille, sont les seuls prestiges de la gloire. Ils frappent et saisissent toutes les âmes. Toutes les voix s'unissent pour les célébrer partout où ils sont connus. Ainsi naît et rayonne de toutes parts la *gloire militaire*. Semblable à la lumière du soleil, elle brille et se reproduit sans cesse. Cette gloire éblouit souvent, aveugle quelquefois, mais n'emprunte jamais son éclat ni à *l'ombre* ni au *mystère*.

La gloire militaire est grande parce que les exploits des guerriers sont une des plus hautes manifestations de la grandeur morale de l'homme. La valeur qui brave la mort et dédaigne la vie, le dévouement qui l'inspire, l'intrépidité qui croît avec le danger, la sérénité d'une âme élevée et ferme, au milieu du tumulte des armes, nous révèlent la sublimité de notre nature et notre immortalité. Cette abnégation de tous les instincts sordides et matériels excite nos sympathies au plus haut degré.

La grandeur de la gloire militaire résulte encore de ses origines. On ne saurait l'obtenir que dans ces conjonctures mémorables qui font époque dans les annales des peuples. Elle éclaire la marche de ces conquérants farouches qui impriment, à leur insu, une impulsion nouvelle à la civilisation ; elle immortalise la résistance énergique des vaincus qui succombent en défendant leurs foyers. Elle couronne ces généreux citoyens qui, transformés en guerriers durant les discordes civiles, accourent, sous les enseignes de la patrie, pour repousser l'étranger, et lavent dans leur sang les souillures et les iniquités, plus ou moins inévitables, des révolutions politiques.

S'il était vrai que la *gloire militaire* exerçât sur les

hommes une sorte de fascination, ce qu'il est nécessaire d'examiner, elle ne doit ni sa grandeur, ni ses charmes, à une impulsion surnaturelle et fatale. Tout est faux dans un système qui assimile les plus nobles et les plus généreux des hommes aux Attila, aux Genséric, aux Tamerlan, si justement surnommés les fléaux de Dieu. Non, Epaminondas, Scipion, Godefroy de Bouillon, Turenne n'ont pas été les exécuteurs involontaires d'une justice vengeresse, procédant à la punition incessante des coupables, par l'extermination des innocents. Quelque vénération que montre le comte de Maistre pour le *bourreau*, on n'admettra jamais ces grands hommes au nombre des bourreaux de l'humanité.

La *guerre*, en elle-même, n'a donc rien de *mystérieux* et de *divin*.

Avant de rechercher si *l'attrait prétendu* qu'elle a pour l'homme est inexplicable, il est convenable d'examiner d'abord si cet *attrait* existe, et, dans le cas où il existerait, s'il n'aurait pas sa raison d'être dans le cœur de l'homme.

J'ose espérer que l'intervention spéciale de la puissance divine n'est pas indispensable en cette occasion : *Nec Deus intersit.*

Considéré en lui-même et dépouillé de cette espèce de fantasmagorie dont on se plaît à l'environner, *l'attrait de la guerre* pour l'homme ne serait-il pas un effet naturel de ses facultés morales ?

Hobbes et ses adhérents soutiennent que l'état de guerre est l'état naturel des hommes, et que la guerre ne cesse entre eux que lorsqu'ils tombent sous le joug d'une puissance qui les musèle ; ils les traitent en véritables animaux de proie, et cette puissance despotique est, selon eux, *l'ordre essentiel des sociétés politiques.* Dans cet état primitif, les hommes livrés à leurs passions effrénées, se jetteraient les uns sur les autres pour satisfaire, selon leurs moyens, toutes leurs cupidités ; mais ce ne serait point *l'attrait de la guerre* qui les armerait les uns contre les autres, ce serait le désir ardent d'assouvir ces passions et leurs convoitises désordonnées.

On ne saurait donner le nom de *guerres* à ces mêlées brutales et grossières.

L'ardeur guerrière que les hommes auraient pu éprouver pour ces conflits sanglants dans un tel état de nature purement imaginaire, ne prouverait donc rien en faveur du comte de Maistre.

La *guerre* proprement dite suppose nécessairement l'existence des sociétés civiles, puisqu'elle ne consiste que dans un état d'hostilité purement accidentel, qui se produit entre elles de temps à autre.

Les sociétés civiles sont nées de la réunion des familles. Les individus dont les familles sont composées, et à plus forte raison, les familles elles-mêmes occupent un lieu dans l'espace, comme se succède, dans le temps, chacun des jours dont se compose la vie de leurs membres.

La *place au soleil*, de chaque famille, est leur lot dans l'héritage commun de la race humaine.

L'occupation primordiale de cette place est le premier rudiment de la propriété. Le travail la complète. Il est la condition nécessaire de la vie ; car l'homme ne saurait pourvoir à sa subsistance sans le travail. A son aide, l'homme s'approprie la portion de terre qu'il occupe ; il la féconde par ses sueurs ; il entre en société avec elle. Cette société constitue le *patrimoine* ou la dotation de la famille. L'acquisition du *patrimoine* est d'autant plus légitime, qu'il est en partie l'ouvrage de l'acquéreur, le fruit de son industrie, puisque la plus grande valeur du sol résulte de la main-d'œuvre.

De la contiguïté ou de la proximité des patrimoines naissent des rapports de voisinage. De ces rapports sortent les rivalités, les compétitions, les empiètements, les usurpations, les concurrences, les différends de toute nature.

De là, des collisions fréquentes et interminables, et la force, uniquement la force, pour appui du droit, ou pour parler plus exactement, pas d'autre droit que la force.

Cet état déplorable est le résultat de l'indépendance des familles. L'indépendance des familles, c'est l'isolement. Or, l'isolement livre en proie les individus comme les familles aux entreprises des plus puissants, des plus audacieux et des plus rusés. Un tel désordre ne saurait durer longtemps ; il condamnerait pour toujours à l'oppression les plus faibles et les moins avisés.

Dans les sociétés politiques, il arrive quelquefois que *l'injustice* produit *l'indépendance*, mais parmi des familles ou des tribus dont les forces se balancent, *l'indépendance* ne saurait produire que *l'injustice*, c'est-à-dire l'abus de la force.

A l'intérieur de ces sociétés primitives, l'autorité naturelle du père, de l'aïeul ou du chef de la race, suffit à maintenir l'ordre et la paix dans la maison, sous la tente ou sous la hutte. Elle prévient les désordres et réprime les excès que peuvent occasionner les prétentions injustes et la violence des passions.

Mais ces tribus ou ces familles ne trouvant en elles-mêmes aucun principe d'autorité qui s'étende au dehors, la concurrence des droits et le choc des intérêts sont pour elles un danger permanent. Pour le conjurer, elles ont imité la nature : elles ont cherché leur salut dans le principe de l'association. Des sociétés civiles et politiques se sont formées à l'image des sociétés domestiques qui, après leur avoir servi de modèles, en sont devenues les éléments.

C'est par l'alliance des individus que la Providence a constitué les familles. Elle a dérivé la puissance domestique de l'autorité naturelle et indéniable des pères sur leurs enfants; c'est par l'alliance des familles, formant autant d'individus collectifs, confédérés entre eux, que les hommes ont fondé les sociétés politiques.

La condition fondamentale de cette alliance est l'abdication tacite de l'indépendance particulière de chaque famille isolée. Ces pouvoirs abdiqués ont été réunis comme les familles auxquelles ils appartenaient; et de la réunion, en un seul faisceau, de ces indépendances domestiques, est sortie *l'indépendance nationale*.

C'est d'elle qu'est née cette force collective, cette puissance commune qui centralise les forces individuelles de tous, et qui a mis la société civile en possession de cette autorité tutélaire qui maintenait l'ordre et la paix dans la famille, assurait le règne de l'équité et garantissait à chacun la tranquille jouissance du *sien*.

Cette force collective c'est la *souveraineté*, ou la puissance de la société sur elle-même et sur chacun de ses membres. Cette puissance implique le *droit de coaction*, ou plutôt le devoir de maintenir l'ordre et la paix par l'emploi régulier et légal des forces de tous, mises en commun et constituant la *force publique*. Ce droit suprême est le véritable lien social; c'est la clé de la voûte. C'est lui qui garantit la tranquillité et la sûreté publiques, en maintenant l'équilibre des forces individuelles.

Le besoin de l'ordre et de la paix, conditions essentielles de la prospérité et de la félicité publiques, a donc rapproché les hommes et fondé les États. L'institution de la société civile assure, en effet, au dedans, le règne de la paix qui n'est autre chose que le maintien de la justice entre les citoyens, et, au dehors, le règne de la justice qui n'est autre chose que le règne de la paix entre les peuples.

La paix est l'état naturel de l'homme et des peuples ; sans elle, ils ne sauraient jouir des bienfaits de la vie civile. A l'ombre de la paix, l'agriculture se perfectionne, les arts mécaniques s'enrichissent d'instruments nouveaux, les beaux-arts florissent, les lettres policent les mœurs et fécondent les esprits, le cercle des connaissances humaines s'étend, le commerce agrandit l'industrie qui se développe de plus en plus, l'homme prend entière possession de lui-même.

Otez de la société l'ordre et la paix, tout se trouble et languit : le travail s'arrête, les intelligences sont détournées de leurs voies, la pratique des arts utiles et nourriciers est abandonnée, les bras manquent au travail, et le travail lui-même manque à ceux qui auraient besoin de travailler ; une unique pensée absorbe la nation entière, les dangers qui menacent l'ordre social, et la ruine des intérêts privés.

Il est difficile, on le voit, de concilier la constitution naturelle de l'homme appelé à vivre en société et à jouir des bienfaits de la civilisation, avec un *attrait inné* qui l'entraînerait vers la guerre.

Toutefois il faut reconnaître, il faut proclamer l'existence d'un sentiment généreux qui tient une grande place parmi les sentiments humains. Ce sentiment n'a rien de commun avec le penchant aveugle évoqué par le comte de Maistre, et son origine est véritablement *divine*. C'est *l'instinct* puissant qui veille en nous à *la conservation de nous-même* ; c'est le sentiment du *droit et de la justice* intimement lié avec cet instinct, et qui est, pour ainsi dire, l'instinct conservateur de l'humanité.

L'inviolabilité du droit est le premier intérêt de tous. Le sentiment du droit établit entre tous les hommes une étroite solidarité. L'oppression et la violence blessent ceux-là mêmes qu'elles n'atteignent pas. Un attentat flagrant au droit, une violation ouverte de la justice sont universellement ressentis. Une sorte de commotion morale avertit chacun du danger de tous.

Aussi ces instincts conservateurs et sacrés imposent-ils à l'homme un devoir impérieux : *le devoir de la légitime défense de soi-même et d'autrui.*

Une agression brutale qu'aucun motif légitime n'autorise, et qui ne peut avoir pour mobiles que des passions sordides, trouble-t-elle l'ordre public, ou la paix des nations, une louable indignation s'empare des âmes, une voix intérieure se fait entendre, le devoir a parlé. Il inspire aux nobles cœurs cette fermeté de résolution qui fait braver un péril imminent et qui aide à le surmonter.

Ainsi se révèle cette bravoure innée, *guerrière*, si l'on veut, généreuse, désintéressée, mais éventuelle, qui dort au fond de tous les cœurs, et qui arme au besoin tous les bras pour la défense de la patrie, de la justice, de la religion, menacées ou violées. C'est ce levain belliqueux, cet *esprit militaire*, qui fermente à l'occasion, et opère chez un peuple ces hauts faits d'armes qui en éternisent le nom.

Le comte de Maistre en juge autrement.

Le sentiment du droit et de la justice, l'instinct de la conservation de soi-même, le devoir de la légitime défense, sont toutes choses que l'homme trouve dans sa conscience. Le comte de Maistre ne sait pas ce que c'est que l'homme, il l'a dit. *Il n'a jamais rencontré que* des Français, des Anglais, des Russes, des Italiens, des Allemands ; il passe sous silence les Turcs, les Persans, les Grecs et les Romains, on dirait qu'il les ignore. J'insiste sur ceci, parce que c'est le point de départ du comte de Maistre, et le point de vue auquel il se place.

S'agit-il de la *guerre* et des *guerres contemporaines*, c'est l'homme tel qu'il est sorti des forêts des Gaules ou de la Germanie qu'il interroge. Il n'en connaît pas d'autres. Il ne saurait séparer l'homme de la *nationalité* qui le distingue, et qui désigne le groupe dont il fait partie. Pour expliquer l'européen de nos jours, il se reporte à *l'homme du moyen-âge*. Il s'attache aux *nobles hommes* et aux *féaulx chevaliers* des siècles héroïques de nos anciennes monarchies. C'est chez eux qu'il a découvert cet attrait *inexplicable* de la guerre, sentiment purement acquis s'il en fût jamais; produit forcé des habitudes et des besoins d'une race qui dut à la conquête et à des combats continuels, sa gloire et la stabilité de ses établissements, si longtemps incertaine.

Devenus maîtres des provinces romaines, ces hommes venus d'Outre-Rhin ou du Septentrion, prétendirent entrer en partage des jouissances que procurent l'agriculture, le commerce, l'industrie et les arts, sans s'y appliquer. Ils tirèrent vanité de leur ignorance et de leur oisiveté. Ils y attachèrent un cachet de supériorité, une idée de noblesse. De là naquit un faux *point d'honneur* qui les abusa et entraîna dans l'avenir de si déplorables conséquences. Les circonstances de temps et de lieu favorisèrent ces penchants; ils les transformèrent en coutumes, ces coutumes acquirent force de loi.

La nécessité de se prémunir contre les fréquentes attaques des bandits qui, depuis le morcellement de la souveraineté, ne cessaient d'infester le pays; les démêlés journaliers et sanglants des seigneurs, suites inévitables de l'anarchie féodale; la soif des aventures, l'abus des pélerinages, devaient naturellement fomenter la passion des combats et entretenir des habitudes martiales. Combattre était, en ces temps, un acte habituel de la vie civile.

Les défis et les armes étaient des voies judiciaires. Lorsque le glaive était le dernier recours contre un suprême outrage, quand toutes les allures étaient guerrières, quand la pensée des batailles dominait toutes les autres, faut-il s'étonner que la guerre préoccupât tous les esprits ?

Les ancêtres ou les devanciers de ces hommes portaient, sans respect pour la vie de leurs semblables, jusque dans leur religion et leur culte, des habitudes sanguinaires. Ils prétendaient apaiser leurs dieux par des sacrifices humains, et ils mêlaient à la guerre les pratiques superstitieuses d'un fanatisme mélancolique, sombre et mystique. Heureusement pour l'humanité, les apôtres du christianisme les avaient devancés dans les Gaules ; l'influence de la religion chrétienne s'y était fait sentir. Elle avait pénétré dans les forêts ; elle avait désenchanté les vieux ombrages des chênes druidiques, et consacré les sources révérées aux héros de la charité, aux vierges sanctifiées par la pureté et la prière. Sous leurs impénétrables armures, elle assouplit leurs cœurs d'airain et les rendit sensibles à la pitié.

De l'alliance des conseils évangéliques et des préceptes de l'honneur mondain rectifié naquit l'esprit chevaleresque. C'est grâce aux inspirations du christianisme, que ce nouvel élément de civilisation fit régner dans les âmes cette horreur pour le mensonge, cette religion de la parole et de la foi donnée, ce respect religieux pour la faiblesse et le malheur, qui distinguèrent les hommes de cette époque. Sans concert préalable, ces sentiments formèrent, entre ceux qui les partageaient, le lien étroit d'une foi commune. Elle devint le principe d'une fraternité d'armes, qui eut la force d'une institution et qui suppléa souvent, dans ces siècles de confusion et de désordre, à la force publique absente. Le respect et la crainte qu'elle inspirait lui imprimèrent une sorte de caractère religieux qui a séduit le comte de Maistre.

Mais l'esprit chevaleresque est de fraîche date dans l'histoire des nations. Le genre humain existait depuis des siècles avant que cette passion mystique pour la guerre eut usurpé, dans l'homme, l'empire qu'elle exerça plus tard sur les races germaniques.

C'est dans l'homme tel qu'il est sorti des mains du créateur, et non tel qu'il est devenu sous la pression des siècles et des révolutions, qu'il faut étudier l'homme. Ses sentiments propres et non suggérés, ses inclinations natives et non acquises, sont ce qu'il faut rechercher en lui. Ils sont les éléments de sa nature intime, qui est l'étoffe dans laquelle ont été taillés les hommes de tous les temps et de tous les pays ; ils constituent l'homme domestique, l'homme sociable, l'homme en un mot.

Les phases successives qu'il a traversées pour passer de l'état sauvage à la barbarie, de la barbarie aux divers degrés de la civilisation et parvenir à son état actuel, dans un siècle ultra-civilisé, peuvent avoir faussé quelquesuns de ses sentiments ou leur avoir imprimé une fausse direction, mais ils ne l'ont point dénaturé.

Il ressort de cette étude que l'instinct de la conservation de soi-même est le premier et le plus puissant des sentiments. C'est celui qui a été donné à l'homme pour sa sauvegarde et pour sa défense. Jeté nu sur la terre nue, pour emprunter les expressions de Pline l'Ancien, tandis que tous les animaux sont pourvus de moyens de défense, il a reçu, pour y suppléer, cette disposition naturelle à repousser la force par la force et à s'armer pour sa sûreté. Chez les tribus isolées, le droit de la défense peut entraîner la nécessité de l'attaque ; on prévient une agression imminente par une agression actuelle, c'est déjà l'usage extrême d'un droit qu'on ne peut excéder sans injustice. Il est vrai que les mauvaises passions transforment souvent en abus coupables, l'exercice d'un droit légitime et substituent l'esprit de conquête à l'esprit de conservation.

Cela posé, il me paraît qu'il n'y a rien de plus facile que d'expliquer pourquoi, au jugement de tout le genre humain, sans exception, comme le dit le comte de Maistre, *l'état militaire* est réputé le plus noble de tous; et comment les nations, les plus jalouses de leur liberté, sont d'accord avec le reste des hommes sur la prééminence de cet état, *quoiqu'il soit dangereux*, poursuit-il, *pour le bien-être et les libertés de toute nation.*

C'est, lui dirai-je, avec un philosophe (1) de l'école de Port-Royal, dont le style ferme et noble rappelle quelquefois le style du grand Bossuet : « C'est parce que les princes et tous les conducteurs des peuples sont comptables envers Dieu, de la liberté, des biens, de l'honneur et de la vie des hommes placés sous leur gouvernement, qu'ils sont *autorisés à lever et à entretenir des armées*; c'est parce qu'elles sont destinées à combattre pour la *sûreté commune*, à venger la *justice violée* et à procurer *l'exécution des lois que l'ennemi a méprisées*, que ces *armées sont considérées comme les barrières des Etats.* »

« C'est parce que les soldats qui les composent sont les défenseurs dévoués *du droit*, et les ministres de la *justice*; c'est parce qu'ils sont, à vrai dire, les victimes du bien public, qu'ils sont placés si haut dans l'estime des hommes. »

Tels sont les véritables fondements de la prééminence généralement accordée, chez tous les peuples, à *l'état mi-*

(1) Duguet, *Instit. d'un prince.*

litaire. Il faut y ajouter la pratique des devoirs étroits et rigoureux imposés aux guerriers : cette discipline exacte qui règle tous leurs moments et toutes leurs actions; cette obéissance assidue qui leur est imposée; l'esprit de sacrifice et d'abnégation dont ils doivent être animés, et qui les rapproche d'une milice d'un autre ordre, appelée à d'autres combats, sur d'autres champs de bataille, et dont le ministère de paix a pour but de rendre le calme aux consciences par l'apaisement des passions. Gardiens fidèles des enseignes *symboliques de la patrie*, les soldats veillent au maintien de *l'honneur national*, à *l'intégrité du territoire*, à *l'inviolabilité de ses frontières*. Ils ont, comme les vieux Gaulois, comme les hommes d'armes du moyen-âge, leur mysticisme et leurs superstitions. Le *numéro* du régiment, les *cravates* des vieux drapeaux, criblées par la mitraille ennemie, réveillent en leur cœur des souvenirs pieux; le nom d'un brave, d'un lieu fatal, d'un rocher ou d'un pont enluminé par la victoire, sont gravés à jamais dans leur souvenir; mais des idées nouvelles ont pénétré sous la tente; les grandes guerres ont agrandi l'horizon du soldat. On ne peut plus s'écrier à l'aspect d'un militaire qui revient de l'armée : *Quoi! vous avez donc vu l'Allemagne et la guerre ?*

Il s'agit bien aujourd'hui de l'Allemagne. Notre siècle a vu, sur tous les points du globe, comme une mêlée universelle des armées de toutes les nations. Les soldats ou le pavillon français ont visité le golfe de Bothnie et la mer d'Azof, l'Italie, l'Egypte, l'Espagne, le Portugal, la Grèce et l'Algérie; la Prusse, la Russie, la Pologne, Rome et Moscou, Constantinople et Milan, Vienne et Madrid, Lisbonne et Berlin; les cataractes du Nil et les havres du Kamtschatka; les archipels de l'Océanie et les déserts du Sahara !

Mais partout ils ont rencontré d'autres soldats. Tour à tour ennemis, alliés ou neutres, ils se sont appréciés. Une touchante fraternité d'armes s'est quelquefois établie entre ceux qui se sont mesurés. On dirait qu'une grande association militaire tend à se former entre les soldats de toutes les nations. Et cependant, ils ne sont plus parmi nous, comme autrefois, recrutés au hasard et sur les places publiques. Nos soldats sont des enfants de famille ; ils tiennent au sol par le foyer paternel. Leur temps de service est limité. Ils rentrent dans la vie civile. Ils seront un jour laboureurs, artisans, artistes, industriels, commerçants ; les professions libérales et l'administration leur seront ouvertes, mais ils demeureront militaires dans l'âme. Les habitudes d'ordre contractées sous les drapeaux les distingueront, les suivront partout. Ils introduiront dans leur famille l'esprit de discipline, une certaine élévation de sentiments qui les caractérise, et le patriotisme du soldat.

Ce ne sont pas seulement des idées nouvelles qui sont entrées dans leur intelligence, ils ont été formés par d'autres mœurs. Si elles ne sont pas toujours meilleures, elles sont autres. Ils ont conscience de la dignité humaine. Paysans ou bourgeois, on ne les voit plus mettre leur point d'honneur à humilier ou à opprimer ceux qui ne portent point les armes. S'ils sont loin d'être parfaitement morigénés, on ne trouve plus en eux des fanfarons de licence. Ils diffèrent des *batteurs d'estrade* et des *lansquenets* du XVI siècle. On les voit, comme les héros d'Homère, tristement reposés sur leurs armes, le lendemain d'une bataille sanglante, rendre pieusement les derniers devoirs à leurs compagnons d'armes, ou assister noblement aux funérailles des ennemis, tombés sous leurs coups. On les trouve empressés à porter secours aux blessés gisant sur le terrain du combat, et seconder, dans leurs ambulances, les soins courageux des médecins et la charité héroïque des pieuses sœurs, qui, pacifiques et désarmés, bravent les périls de la guerre pour rappeler à la vie ou aider à bien mourir des braves mutilés ou expirants.

Une chevalerie nouvelle datera du XIXe siècle, qui n'aura rien de romanesque et de fantastique; l'esprit militaire s'est renouvelé. Nos soldats non-seulement ont fait preuve de cette promptitude et de cette ardeur que les Italiens nomment *furia francese*, mais de cette intelligence vive qui leur fait pénétrer l'étendue et l'esprit des ordres qui leur sont donnés. Ils se sont distingués surtout par une adresse admirable, une habileté à tout entreprendre, et une dextérité inimitable à exécuter les travaux les plus minutieux et les plus considérables; par la patience héroïque avec laquelle ils ont supporté les fatigues, les maladies et les intempéries des saisons; enfin par la gaîté qui les soutenait dans les moments de langueur, et la sérénité pleine d'espérance et de foi avec laquelle ils quittaient la vie, après l'avoir intrépidement exposée.

Mais après tout, les hommes ne sont pas créés pour faire la guerre, et la guerre n'est point le but de leur existence. Hobbes que le spectacle déchirant des troubles de sa patrie avaient aigri, voyait en eux des animaux de proie occupés à s'entre-dévorer; mais d'autres les représentent comme des troupeaux d'animaux timides et serviles se soumettant sans résistance au joug du plus ambitieux.

Ceux qui les savent *sociables*, et toujours et partout vivants en société; ceux qui savent que leur *insociable sociabilité*, comme parle Kant, expression énergique qui, soit dit en passant, ne répond pas mal à l'*insociabile regnum* de Tacite , exerce sur eux une double action, expliquent facilement les effets différents de cette sociabilité. Isolés , elle les rapproche; rapprochés, elle les divise. Un commun intérêt réunit les familles en un corps de nation; la concurrence ou l'opposition des intérêts arme les peuples les uns contre les autres : tantôt pour conserver ce qu'ils possèdent, tantôt pour acquérir ce qu'ils n'ont pas ; car les peuples ont des besoins et des passions comme les individus, et les collisions entre les uns sont non moins inévitables que les différends entre les autres.

Nul ne fait la guerre par instinct et pour l'unique plaisir de la faire, pas même les pirates et les conquérants. Si dans quelque coin reculé du monde, il se trouve encore des hordes sauvages en état de guerre contre le genre humain, on ne saurait affirmer qu'elles vivent en société. Ces infortunés , privés des choses les plus indispensables , dont l'intelligence bornée n'est ouverte qu'à la nécessité de pourvoir à leurs besoins matériels, réduits aux rudiments grossiers des arts les plus élémentaires , ignorent tout moyen régulier d'acquérir, et n'ont pour toute industrie qu'une routine aveugle et des procédés informes. Ils n'ont d'hommes que le nom, à peine en ont-ils la figure , que leur goût dépravé déshonore le plus souvent en prétendant l'orner.

Les guerres sont aux nations sorties de la barbarie , ce que sont les maladies aux hommes bien constitués. Comme chez ces derniers, la force du tempérament tend sans cesse au rétablissement de la santé , chez les peuples policés , les forces vives de la société ne cessent de travailler au rétablissement de la paix , qui est la santé des nations et qui finit toujours par se rétablir.

On peut rapporter à six causes principales l'origine de toutes les guerres.

Un mouvement indélibéré précipite vers une contrée favorisée de la nature un peuple possesseur d'une terre infertile, située sous un ciel inclément ; il veut acquérir, par droit de conquête, une patrie plus heureuse.

Un outrage sanglant, une injustice révoltante, excite l'indignation d'un autre ; il s'arme pour obtenir réparation ou vengeance.

Un chef ambitieux et entreprenant prétend en adjoignant de nouvelles provinces à ses Etats, s'agrandir au dehors ou accroître son pouvoir au dedans, par le prestige de la gloire ou la force de ses armées.

Dans des temps moins primitifs, une politique plus raffinée considère comme un grief non - seulement tout accroissement de territoire, mais tout accroissement de richesse d'un Etat voisin. La prospérité croissante d'autrui lui porte ombrage et devient à ses yeux, sinon un dommage actuel, au moins la menace d'un dommage futur. Elle juge opportun d'avoir recours à la guerre pour arrêter un pacifique progrès. Cette politique des intérêts va plus loin ; elle condamne comme une injustice, comme une violation du droit des nations, la loi de police et de sûreté qui prohibe dans un Etat l'introduction d'un objet reconnu dangereux et nuisible à ses habitants ; elle prétend que les Etats dont les sujets s'enrichissaient par le trafic de cet objet pernicieux, ont le droit de demander, les armes à la main, les moyens de continuer ses profits.

A d'autres époques, les opinions religieuses et l'esprit de prosélytisme, les opinions politiques et l'esprit de propagande troublent la paix du monde. Telles furent, au XVI° siècle, les guerres de religion. Telles ont été de notre temps les guerres révolutionnaires que le célèbre William Pitt nommait énergiquement les guerres des *opinions armées.*

On peut classer, sous ces différents chefs, toutes les guerres dont l'histoire fait mention. Si diverses complications peuvent faire prendre le change sur leur origine quand elles sont en cours d'exécution, en y regardant de près, on saisit facilement quelles sont les causes occasionnelles ou secondaires, qui ont égaré la vue; mais quelles que puissent être les déviations qu'elles ont subies, on ne tarde pas à s'apercevoir qu'elles se groupent toujours autour de la maîtresse cause dont elles dérivent.

Mais si les causes qui allument la guerre sont peu nombreuses, ses effets varient à l'infini. Les circonstances qui la produisent, les situations diverses des États qui l'entreprennent ou la soutiennent, l'esprit général du siècle où elle éclate, la disposition des lieux qui en sont le théâtre, les mœurs, les opinions, les habitudes des nations qui y sont mêlées, restreignent, aggravent, étendent ou atténuent les conséquences toujours si graves de ces déplorables événements.

Je ne puis résister au désir de placer ici le récit de la première guerre dont il soit fait mention dans le plus ancien livre du monde, et je dirai pourquoi tout à l'heure; au reste il sera fort court.

Abraham, le père de tous les croyants et de la race choisie, quittait la Chaldée par l'ordre de Dieu. Il apprend que Loth, son neveu, ses femmes, son peuple et ses troupeaux sont tombés entre les mains du puissant roi des Elamites et de quatre autres rois ligués avec lui, contre deux rois de la Pentapole, province que Loth traversait en ce moment. Le patriarche, aidé de trois frères Amorrhéens ses alliés, et de leurs serviteurs, attaque les cinq rois victorieux, les défait, les poursuit, et leur enlève les dépouilles des vaincus. Les deux rois dont Abraham avait mis les ennemis en fuite, accourent à sa rencontre. Un autre roi dont un profond et religieux mystère entoure l'origine et la destinée, un roi qui est à la fois un roi de *justice*, c'est la signification de son nom, et un roi de *paix*, c'est la signification du nom de son royaume (1); un roi qui était en même temps *prêtre du Très-Haut*, arrive à son tour et bénit le patriarche vainqueur, au nom du Dieu créateur du ciel et de la terre qui lui a donné la victoire. Alors celui qui a vaincu pour la justice, rend à chacun ce qui lui appartient. Il ne retient pour ses alliés qu'un équitable salaire, et pour lui que la satisfaction d'avoir servi de ministre à Dieu *dans un temps de colère.*

Telle est la guerre dans l'ordre de la providence.

Enclin au mal par sa chute, l'homme mésuse de tous les dons qu'il a reçus. Il emploie, dans l'intérêt de ses mauvaises passions, cette noble énergie placée dans son cœur pour le maintien du droit et de la justice. Mais cette bravoure innée, quand il s'en sert avec droiture, assure le triomphe de la justice et de la paix, toujours saintement embrassées. C'est en ce sens qu'on peut dire que la guerre est sainte, et c'est pour cette raison que le Très-Haut lui-même s'est nommé le Dieu des armées.

Dans la succession des siècles, l'œuvre de la providence divine se manifeste dans sa majestueuse simplicité et sa variété féconde. Unité sublime dans le dessein; admirable diversité dans l'exécution; les moyens les plus opposés concourrant au même but, des voies semblables conduisant à des résultats différents; dans l'ensemble, toujours même grandeur, toujours même harmonie.

Qui le dirait? la civilisation et la guerre se tiennent par la main. Un peuple policé porte-t-il ses armes dans une contrée barbare, le jour commence à se faire, les mœurs

(1) Melchisedech, roi de Salem.

s'adoucissent; la morale pénètre chez le peuple assujetti, la notion et le respect du droit deviennent populaires. La mollesse des mœurs, la prédominance des passions sordides, amènent-elles l'abaissement des intelligences et l'oblitération des facultés morales chez une nation, la guerre peut la ranimer et la rendre à elle-même, ou la faire disparaître de la scène du monde; c'est ainsi qu'elle assure le triomphe de l'ordre sur l'anarchie ou fait renaître l'anarchie de l'abus et de l'exagération du pouvoir. On la voit transférer les bienfaits de la civilisation d'une contrée à l'autre ou l'effacer presque entièrement d'une portion considérable du globe. Tantôt elle propage les connaissances humaines, en facilite les progrès ou l'arrête ; quelquefois elle en éteint le flambeau. Elle crée de nouvelles ressources à l'industrie ou en tarit les sources par l'épuisement total des forces vitales d'un pays.

Armés et réunis pour venger les droits de l'hospitalité violés, les Grecs franchissent les mers qui les séparent de la Phrygie. Après dix ans de siége, la prise de Troie expie le crime de Pâris, et devient, grâce au génie d'Homère, *l'éternel entretien des siècles à venir*. Mais de lointains rivages se déploient devant les vaisseaux des vainqueurs devenus les jouets des mers, et des relations utiles s'établissent entre des peuples qui s'ignoraient.

L'orgueilleuse présomption et l'innombrable armée de Xerxès se brisent à Marathon et aux Thermopyles contre la valeur et le patriotisme d'une poignée de Grecs. Dans sa fuite, le roi des Perses charge du soin de le venger, son arrière-garde que composent le luxe et la vénalité, et que suit de près l'asservissement.

Carthage, opulente et guerrière, fraie, au travers des forêts des Gaules, des voies nouvelles au commerce ; elle ajoute le vaste Océan au domaine des navigateurs Tyriens, mais elle enseigne la foi punique à des peuples simples et grossiers, tandis que cruelle en ses superstitions et mal défendue par ses soldats mercenaires, elle subit la loi du syracusain Gélon, qui lui impose, par un traité, l'honneur éternel de la diplomatie, l'abolition des rites sanglants qui offensaient le ciel et outrageaient la nature.

Pendant que ce *fougueux l'Angeli qui mit l'Asie en cendres*, dans sa course rapide, reculait les bornes du monde connu, une civilisation nouvelle et cette morale presque divine que Socrate mourant venait de révéler à la Grèce, pénétrait dans l'Orient. Un disciple de Socrate, Aristote, avait été le maître d'Alexandre, et les conquêtes qu'il fit dans les trois règnes de la nature à la suite de son disciple, et sous ses aupices, ont duré plus que les empires laissés après lui, par celui-ci, à ses débiles successeurs. La philosophie d'Aristote, a été pendant plusieurs siècles, la lumière de l'Occident.

En traversant l'Italie et la Grèce pour aller se perdre dans une petite contrée de l'Asie-Mineure, les Gaulois n'avaient laissé après eux que des ruines. Les Romains, en soumettant la Grèce, s'approprièrent ses lois, ses lettres, ses arts, sa philosophie ; en conquérant les Gaules, ils les civilisèrent. Ce peuple organisateur et législateur, dont on a pu dire avec vérité :

> *Tu regere imperio populos, Romane, memento,*
> *Hæ tibi erunt artes, pacisque imponere morem.*
>
> (Virg., *Æn.*, lib. VI, v. 850-1.)

rachetait, par le bienfait de ses institutions civiles, les flots de sang dont il avait inondé la terre. Sous le règne des Antonins, l'univers romain présenta le spectacle d'un empire dont l'étendue et la félicité n'ont pas été surpassées. La réduction de tant de provinces sous une même loi, l'usage d'une langue officielle, ou de deux au plus, rendu commun à l'Europe, l'Asie, et l'Afrique, favorisèrent la propagation du christianisme. Ses premiers apôtres furent des citoyens romains, nés en Judée. L'aigle romaine fut le précurseur de la croix ; les longues guerres et les triomphes multipliés du peuple-roi avaient été une sorte de préparation évangélique.

Toutefois, l'Italie, les Gaules, l'Espagne, l'Afrique romaines et chrétiennes, devinrent la proie de nouveaux barbares. L'ordre social et la civilisation succombèrent sous leurs coups redoutables ; la religion seule résista.

Sous ces maîtres incultes et négligents, les forêts rentrèrent en possession de leur ancien domaine. Les racines noueuses des chênes et des hêtres soulevèrent partout l'élégant pavé des portiques ; et les colonnes renversées des somptueuses *villas* cachèrent leurs fronts humiliés sous les ronces épineuses et les lierres verdoyants.

On perdit jusqu'à la trace de plusieurs cités. De hautes et stériles herbes recouvraient ces vastes *latifundia* qui avaient englouti les patrimoines de tant de citoyens distingués et d'humbles familles de colons. Les temples, les arcs de triomphe, les arènes, les théâtres, les aqueducs, les tombeaux en ruines servaient d'asile aux reptiles et aux bêtes fauves. Leurs murailles entamées par le fer ou le feu, leurs voûtes ébranlées par la violence ou sourdement minées par les vrilles inaperçues des plantes parasites ou grimpantes, témoignaient des fureurs stupides de leurs féroces vainqueurs. Le silence qui régnait dans ces plaines pacifiées par la dévastation, témoignait de la dépopulation du pays et de la résignation douloureuse de ses rares habitants. Le petit nombre de propriétaires qu'avaient épargnés le fer et la

misère, furent réduits à la condition de colons. Ils ne tar-
dèrent pas à devenir serfs; car en l'absence de toute
sécurité, une vaine ombre de liberté est insupportable,
et la servitude semble être un refuge aux malheureux
qu'opprime la terreur. Tant un mal présent et dont on
croit pouvoir mesurer l'étendue, semble préférable au
tourment d'une appréhension continuelle et indéfinie!

Mais la croix était debout et la foi restait avec elle. Un
étendard révéré flottait sur les donjons des châtelains et sur
les tours des cités. Elle avait triomphé des conquérants; elle
tempéra la violence et subjugua la force. Sur les ailes de
la foi, la croix parvint à une hauteur que n'avait jamais at-
teinte l'aigle romaine; les hordes les plus barbares s'étaient
inclinées à son aspect; peu à peu, toutes les nations, plus
ou moins civilisées, furent réunies autour d'elle. La chré-
tienté ou l'empire du Christ avait remplacé l'empire romain. L'église forma de tous les Etats européens une con-
fédération puissante et solidaire qui eut son pacte fédéral
et son droit public, ses amphyctions dans les évêques, les
papes, les rois et les conciles réunis. Ainsi se reconstitua
et se perpétua, pendant près de dix siècles, la république
européenne; ainsi se développa et fleurit par degrés cette
belle et noble civilisation du XVII° siècle, qui vit naître et
prépara l'avénement du siècle dernier, dont on peut dire,
avec Leibnitz, qu'il était gros du siècle présent.

Telle est, dans mon humble opinion, la part de la
guerre dans le gouvernement moral de la providence divine, pour parler comme Butler.

Je la résumerai en peu de paroles. La civilisation est
l'éducation des peuples; ils se policent et augmentent
leurs connaissances comme les hommes se forment et
s'instruisent en croissant et en se développant. La civilisation est progressive sans doute, mais ses progrès ne sont

point continus; elle n'est pas indéfiniment progressive. Ce n'est pas par une ligne indéfinie qu'on peut la représenter, mais par une circonférence de cercle.

Rien d'humain n'est susceptible d'un développement ou d'un accroissement sans bornes.

L'éducation des hommes consiste dans le développement de leurs facultés morales et intellectuelles; ces facultés sont bornées ; en les développant , l'éducation ne saurait rien ajouter à leur capacité ; elle ne saurait faire d'un idiot un homme de génie, d'un homme de génie un ange ou un demi-dieu. Les peuples ne sont que des associations, des réunions, des collections d'hommes. On peut aussi les considérer comme des individus collectifs ; mais comme tels, ils n'ont ni d'autres facultés morales et intellectuelles que les individus dont ils se composent, ni des facultés intellectuelles et morales plus étendues.

Considérés comme des individus collectifs, le nom qu'on leur donne ne change pas leur nature ; ce nom n'indique que l'expression d'une somme , de la somme des individus dont se forme une société politique ; mais la somme d'une addition n'exprime que le nombre des choses et des individus qu'on a voulu additionner ; ce nombre n'a aucun rapport avec leur valeur individuelle et ne saurait rien y ajouter.

Résultat inévitable du jeu des passions humaines dans les rapports des nations entre elles , la guerre , dans les desseins de la providence, est un agent puissant dont elle use, tantôt comme d'un instrument de dommage, tantôt comme d'un moyen réparateur. La guerre fonde successivement et renverse, détruit et reconstruit les Etats. Tour à tour féconde en calamités et en améliorations , retardant, interrompant ou accélérant les progrès ou le déclin , elle imprime à la civilisation qui naît, s'éclipse, et renaît pour s'éclipser encore, ce mouvement fatidique qui met alternativement en action toutes les puissances et les facultés de la nature humaine, par lequel se succèdent et se mesurent la durée des empires et la prospérité des nations.

Cte PORTALIS.

ORLÉANS. — IMP. COLAS-GARDIN.

www.ingramcontent.com/pod-product-compliance
Ingram Content Group UK Ltd.
Pitfield, Milton Keynes, MK11 3LW, UK
UKHW022211070726
13613UKWH00004B/1599